Impressum
Verlag: BABADADA GmbH, Nedderfeld 112 , 22529 Hamburg
Geschäftsführer / Verlagsleitung: Harald Hof
Druck: Books on Demand GmbH, In de Tarpen 42, 22848 Norderstedt

Imprint
Publisher: BABADADA GmbH, Nedderfeld 112 , 22529 Hamburg, Germany
Managing Director / Publishing direction: Harald Hof
Print: Books on Demand GmbH, In de Tarpen 42, 22848 Norderstedt

la escuela
l'école

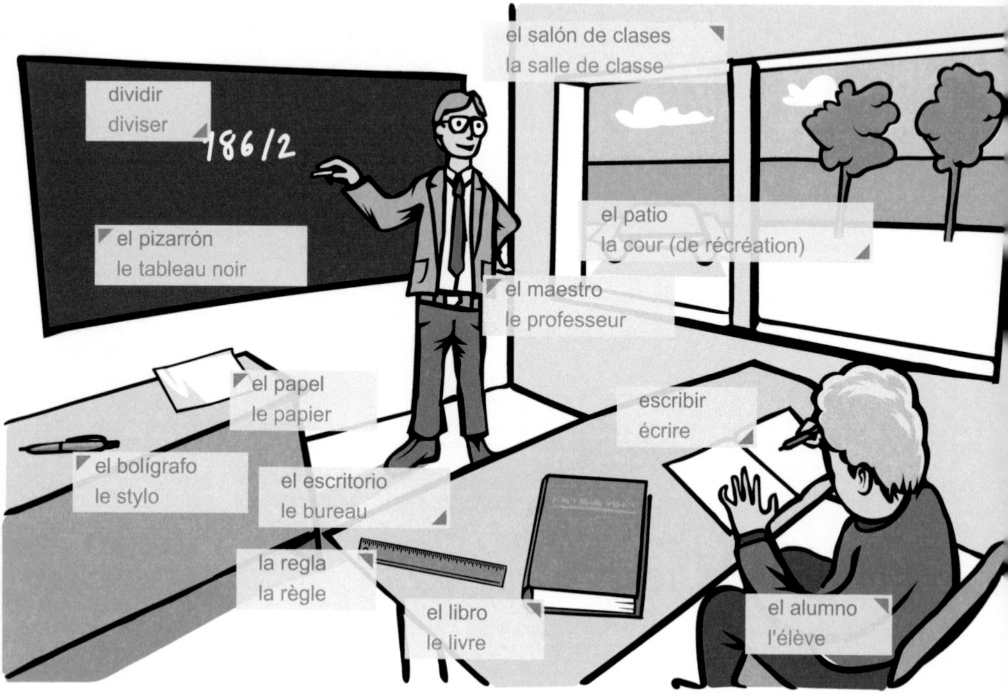
el salón de clases
la salle de classe
dividir
diviser
186/2
el pizarrón
le tableau noir
el patio
la cour (de récréation)
el maestro
le professeur
el papel
le papier
escribir
écrire
el bolígrafo
le stylo
el escritorio
le bureau
la regla
la règle
el libro
le livre
el alumno
l'élève

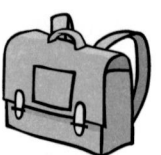

la mochila

le cartable

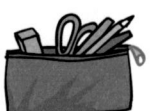

la caja de lápices

la trousse

el lápiz

le crayon

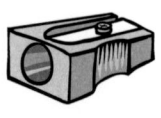

el sacapuntas

le taille-crayon

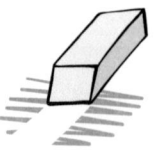

la goma de borrar

la gomme

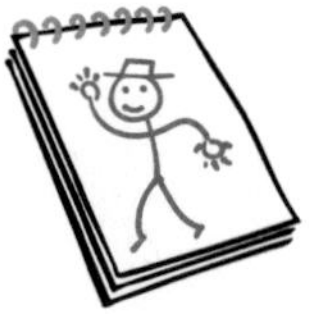

el bloc de dibujo

le carnet à dessin

el dibujo

le dessin

el pincel

le pinceau

la caja de lápices de color

la boîte de peinture

las tijeras

les ciseaux

el pegamento

la colle

el libro de ejercicios

le cahier d'exercices

la tarea

les devoirs

el número

le chiffre

sumar

additionner

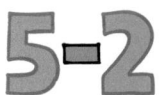

restar

soustraire

multiplicar

multiplier

calcular

calculer

la letra

la lettre

el alfabeto

l'alphabet

la palabra

le mot

el texto

le texte

leer

lire

la tiza

la craie

la lección

la leçon

el cuaderno de clase

le livre de classe

el examen

l'examen

el certificado

le certificat

el uniforme

l'uniforme scolaire

la educación

la formation

la enciclopedia

le lexique

la universidad

l'université

el microscopio

le microscope

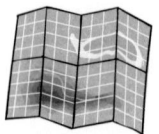

el mapa

la carte

el bote de basura

la corbeille à papier

el viaje
le voyage

el hotel
l'hôtel
Grand
el hostel
l'auberge
ROOMS
la casa de cambio
le bureau de change
la maleta
la valise
el carro
la voiture

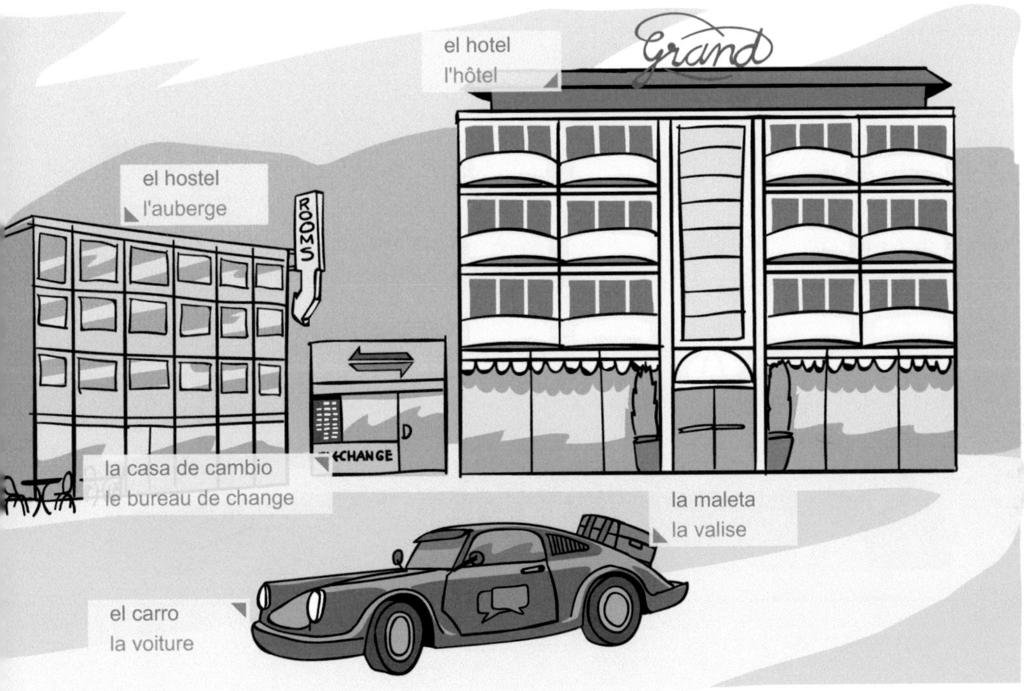

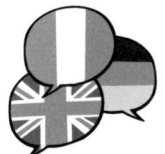

el idioma

la langue

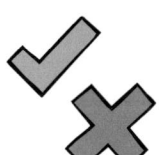

sí / no

oui / non

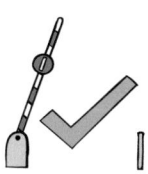

Órale

d'accord

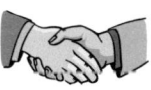

hola

Salut

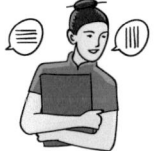

el traductor

l'interprète

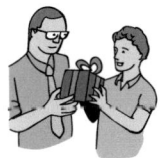

Gracias

merci

¿cuánto cuesta…?

Combien coûte…?

No entiendo

Je ne comprends pas

el problema

le problème

¡Buenas tardes!

Bonsoir !

¡Buenos días!

Bonjour !

¡Buenas noches!

Bonne nuit !

adiós

Au revoir

la dirección

la direction

el equipaje

les bagages

la bolsa

le sac

la mochila

le sac-à-dos

el invitado

l'hôte

la recámara

la pièce .

la bolsa de dormir

le sac de couchage

la tienda de campaña

la tente

la información turística

l'office de tourisme

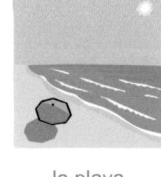

la playa

la plage

la tarjeta de crédito

la carte de crédit

el desayuno

le petit-déjeuner

el almuerzo

le déjeuner

la cena

le dîner

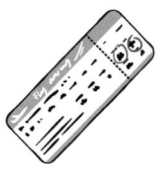

el billete

le billet

el ascensor

l'ascenseur

el sello

le timbre

la frontera

la frontière

la aduana

la douane

la embajada

l'ambassade

la visa

le visa

el pasaporte

le passeport

el transporte

le transport

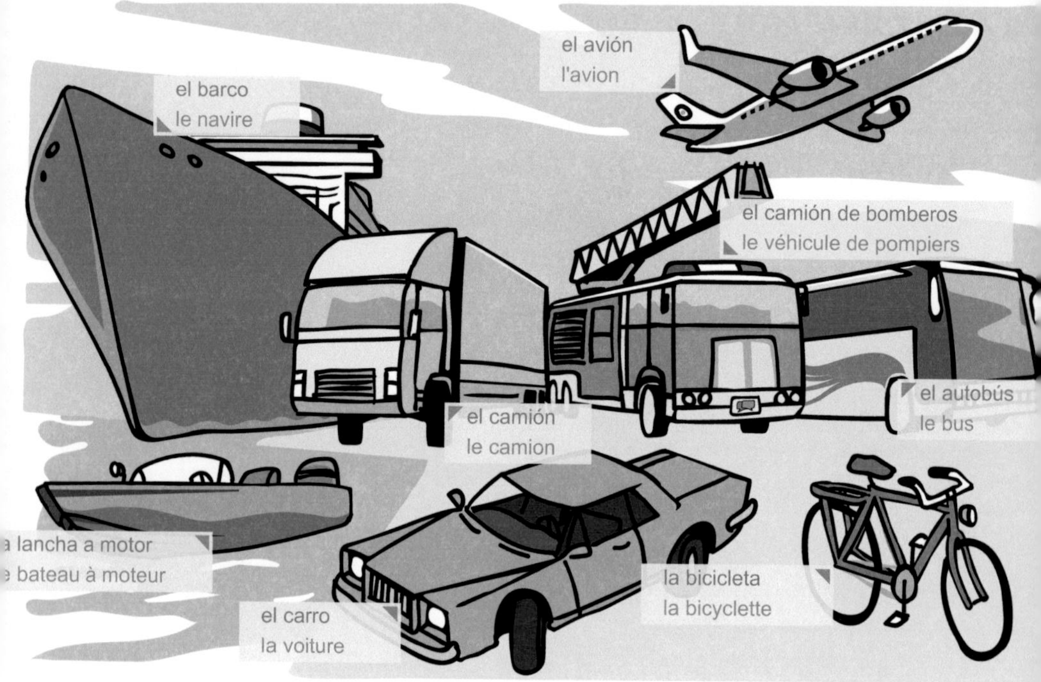

el avión
l'avion
el barco
le navire
el camión de bomberos
le véhicule de pompiers
el autobús
le bus
el camión
le camion
a lancha a motor
e bateau à moteur
la bicicleta
la bicyclette
el carro
la voiture

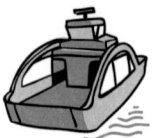

el ferry

le ferry

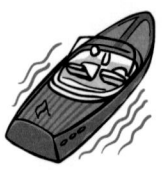

el bote

la barque

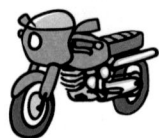

la motocicleta

la moto

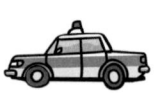

la patrulla

la voiture de police

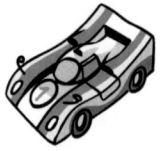

el coche de carreras

la voiture de course

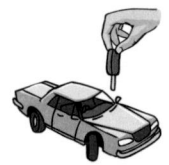

el auto para rentar

la voiture de location

la renta de autos

l'auto-partage

la grúa

la voiture de remorquage

el camión recolector de basura

la benne à ordures

el motor

le moteur

la gasolina

l'essence

la gasolinera

la station d'essence

la señal de tráfico

le panneau indicateur

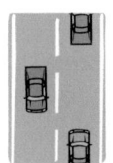

el tránsito

le trafic

el embotellamiento

l'embouteillage

el aparcamiento

le parking

la estación de tren

la gare

las vías

les rails

el tren

le train

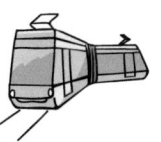

el tranvía

le tramway

el vagón

le wagon

el helicóptero

l'hélicoptère

el aeropuerto

l'aéroport

la torre

la tour

el pasajero

le passager

el contenedor

le conteneur

la caja de cartón

le carton

la carretilla

le chariot

la cesta

la corbeille

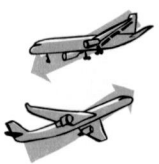

despegar / aterrizar

décoller / atterrir

la ciudad

la ville

el pueblo

le village

el centro de la ciudad

le centre-ville

la casa

la maison

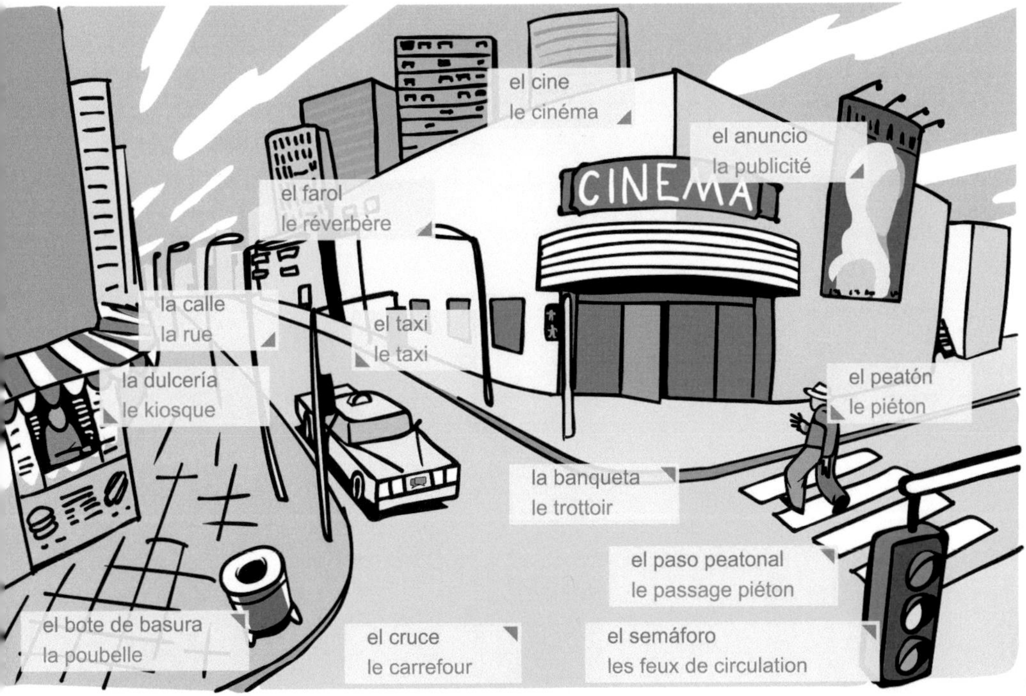

el cine
le cinéma

el anuncio
la publicité

el farol
le réverbère

la calle
la rue

el taxi
le taxi

la dulcería
le kiosque

el peatón
le piéton

la banqueta
le trottoir

el paso peatonal
le passage piéton

el bote de basura
la poubelle

el cruce
le carrefour

el semáforo
les feux de circulation

la cabaña
la cabane

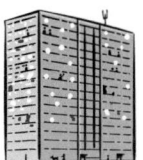

el apartamento
l'appartement

la estación de tren
la gare

el ayuntamiento
la mairie

el museo
le musée

la escuela
l'école

la ciudad - la ville

la universidad

l'université

el banco

la banque

el hospital

l'hôpital

el hotel

l'hôtel

la farmacia

la pharmacie

la oficina

le bureau

la librería

la librairie

la tienda

le magasin

la florería

le fleuriste

el supermercado

le supermarché

el mercado

le marché

las grandes tiendas

le grand magasin

la pescadería

la poissonnerie

el centro comercial

le centre commercial

el puerto

le port

el parque

le parc

el banco

la banque

el puente

le pont

las escaleras

les escaliers

el metro

le métro

el túnel

le tunnel

la parada de autobús

l'arrêt de bus

el bar

le bar

el restaurante

le restaurant

el buzón

la boîte à lettres

el letrero

le panneau indicateur

el parquímetro

le parcmètre

el zoológico

le zoo

la alberca

le réverbère

la mezquita

la mosquée

la ciudad - la ville

la granja
la ferme

la contaminación
la pollution

el cementerio
la cimetière

la iglesia
l'église

el área de niños
l'aire de jeux

el templo
le temple

el paisaje
le paysage

la hoja
la feuille

la señal
le panneau indicateur

el camino
le chemin

la pradera
le pré

la piedra
la pierre

el caminante
le randonneur

el árbol
l'arbre

el río
la rivière

el pasto
l'herbe

la flor
la fleur

el valle

la vallée

la montaña

la montagne

el lago

le lac

el bosque

la forêt

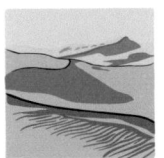

el desierto

le désert

el volcán

le volcan

el castillo

le château

el arco iris

l'arc-en-ciel

el champiñón

le champignon

la palmera

le palmier

el mosquito

le moustique

la mosca

la mouche

la hormiga

les fourmis

la abeja

l'abeille

la araña

l'araignée

el escarabajo

le coléoptère

la rana

la grenouille

la ardilla

l'écureuil

el erizo

le hérisson

la liebre

le lièvre

la lechuza

la chouette

el pájaro

l'oiseau

el cisne

le cygne

el jabalí

le sanglier

el ciervo

le cerf

el alce

l'élan

el embalse

le barrage

la turbina eólica

l'éolienne

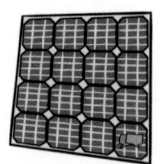

el panel solar

le panneau solaire

el clima

le climat

el restaurante
le restaurant

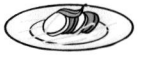

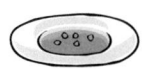

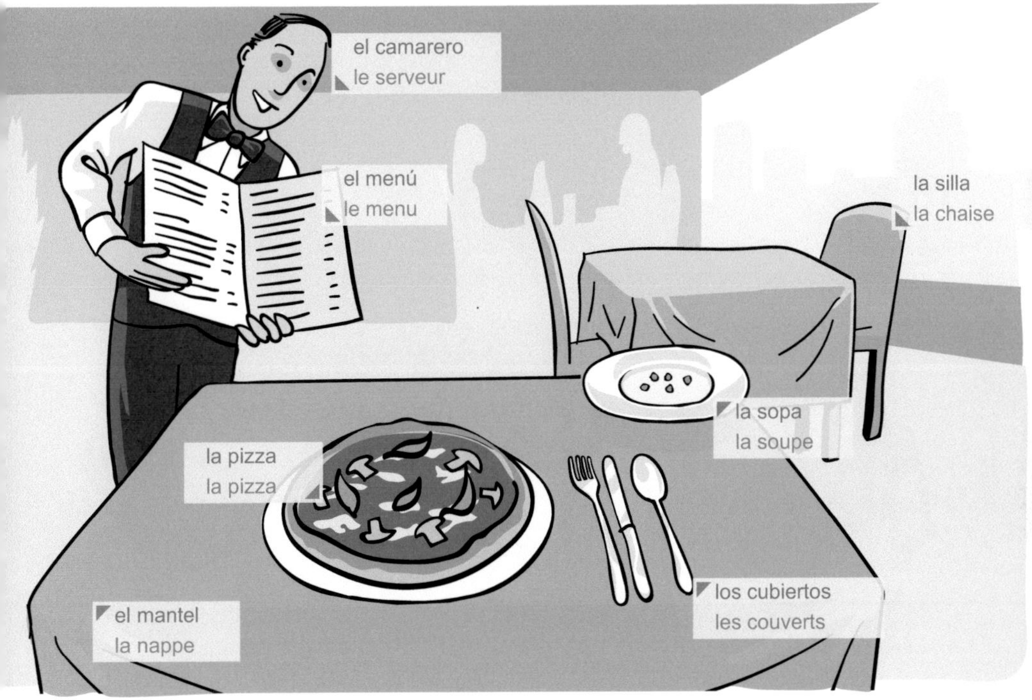
el camarero
le serveur
el menú
le menu
la silla
la chaise
la sopa
la soupe
la pizza
la pizza
los cubiertos
les couverts
el mantel
la nappe

la entrada
....
les hors d'œuvre

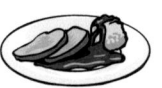

el plato fuerte
....
le plat principal

el postre
....
le dessert

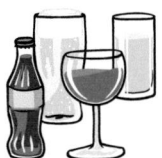

las bebidas
....
les boissons

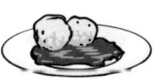

la comida
....
l'alimentation

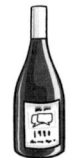

la botella
....
la bouteille

la comida rápida

le fast-food

la comida de la calle

les plats à emporter

la tetera

la théière

la azucarera

le sucrier

la porción

la portion

la cafetera espresso

la machine à expresso

la periquera

la chaise haute

la cuenta

la facture

la charola

le plateau

el cuchillo

le couteau

el tenedor

la fourchette

la cuchara

la cuillère

la cuchara de té

la cuillère à thé

la servilleta

la serviette

el vaso

le verre

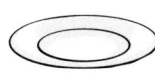

el plato

l'assiette

el plato hondo

l'assiette à soupe

el plato

la soucoupe

la salsa

la sauce

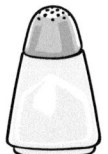

el salero

la salière

el molino para pimienta

le moulin à poivre

el vinagre

le vinaigre

el aceite

l'huile

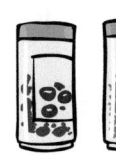

las especias

les épices

el kétchup

le ketchup

la mostaza

la moutarde

la mayonesa

la mayonnaise

el supermercado

le supermarché

la oferta especial
l'offre promotionnelle
FOR
el cliente
le client
los productos lácteos
les produits laitiers
la fruta
les fruits
el carrito para compras
le chariot

BUTCHERS

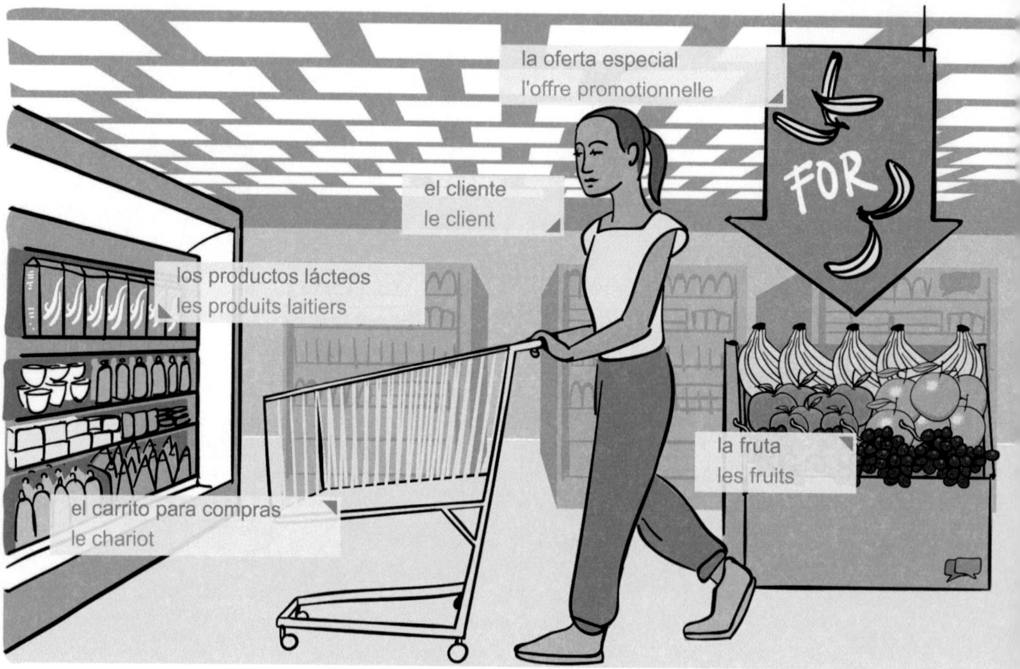

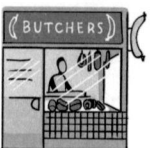

la carnicería

la boucherie

BAKERY

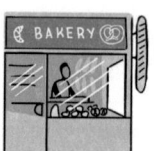

la panadería

la boulangerie

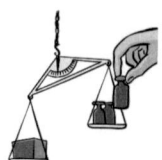

pesar

peser

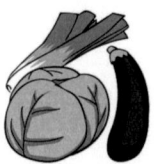

los vegetales

les légumes

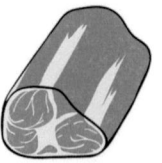

la carne

la viande

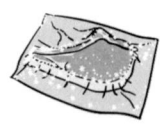

los alimentos congelados

les aliments surgelés

las carnes frías

la charcuterie

los alimentos enlatados

les conserves

el detergente en polvo

la poudre à lessive

los dulces

les bonbons

los electrodomésticos

les articles ménagers

productos de limpieza

les détergents

la vendedora

la vendeuse

la caja

la caisse

el cajero

le caissier

la lista de compras

la liste d'achats

el horario de atención al público

les heures d'ouverture

la cartera

le portefeuille

la tarjeta de crédito

la carte de crédit

la bolsa

le sac

la bolsa de plástico

le sac en plastique

el agua

l'eau

el jugo

le jus de fruit

la leche

le lait

el refresco de cola

le coca

el vino

le vin

la cerveza

la bière

el alcohol

l'alcool

el cacao

le chocolat chaud

el té

le thé

el café

le café

el espresso

l'expresso

el cappuccino

le cappuccino

el plátano

la banane

la manzana

la pomme

la naranja

l'orange

el melón

le melon

el limón

le citron.

la zanahoria

la carotte

el ajo

l'ail

el bambú

le bambou

la cebolla

l'oignon

el champiñón

le champignon

las nueces

les noisettes

los fideos

les pâtes

los espaguetis

les spaghetti

el arroz

le riz

la ensalada

la salade

las patatas fritas

les pommes frites

las patatas fritas

les pommes de terre rôties

la pizza

la pizza

la hamburguesa

le hamburger

el emparedado

le sandwich

el filete

l'escalope

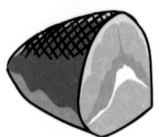

el jamón

le jambon

el salami

le salami

la salchicha

la saucisse

el pollo

le poulet

el asado

le rôti

el pescado

le poisson

la comida - l'alimentation

los copos de avena

les flocons d'avoine

el muesli

le muesli

los copos de maíz

les cornflakes

la harina

la farine

el cuernito

le croissant

el bolillo

les petits-pains

el pan

le pain

la tostada

le pain grillé

las galletas

les biscuits

la mantequilla

le beurre

la cuajada

le fromage blanc

el pastel

le gâteau

el huevo

l'œuf

el huevo frito

l'œuf au plat

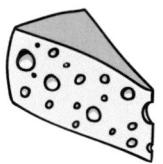

el queso

le fromage

el helado

la glace

el azúcar

le sucre

la miel

le miel

la mermelada

la confiture

la crema de chocolate

la crème nougat

el curry

le curry

la granja
la ferme

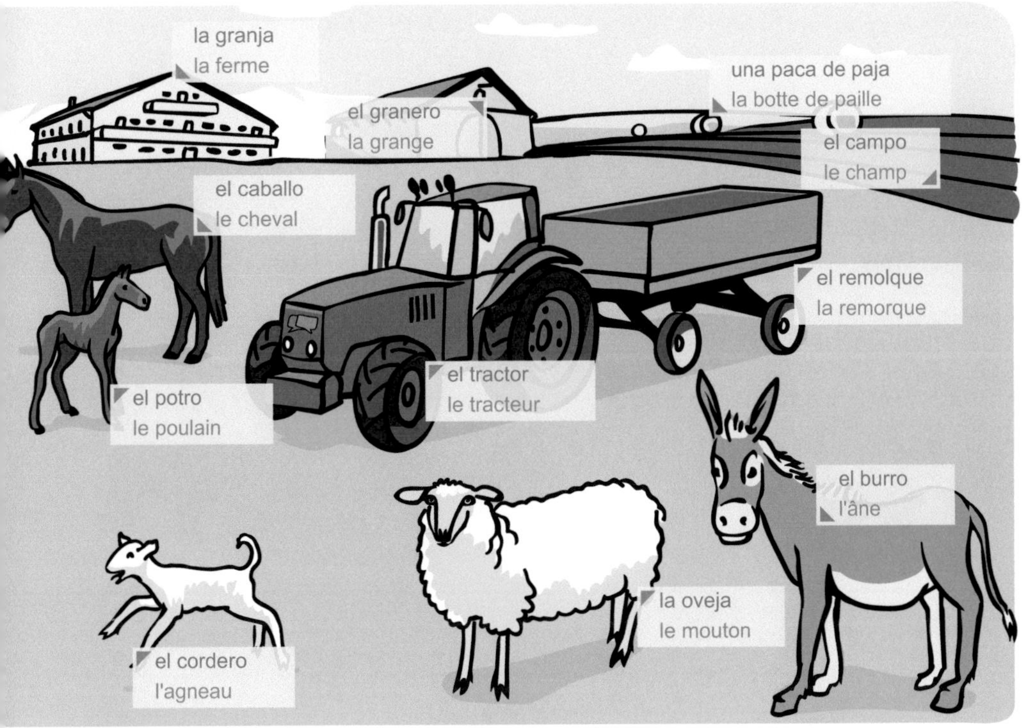

la granja
la ferme
el granero
la grange
una paca de paja
la botte de paille
el campo
le champ
el caballo
le cheval
el remolque
la remorque
el tractor
le tracteur
el potro
le poulain
el burro
l'âne
la oveja
le mouton
el cordero
l'agneau

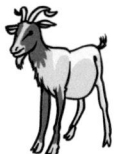

la cabra
la chèvre

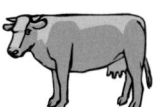

la vaca
la vache

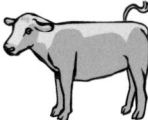

el ternero
le veau

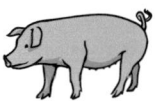

el cerdo
le porc

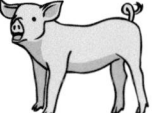

el lechón
le porcelet

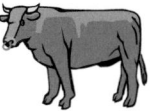

el toro
le taureau

el ganso

l'oie

el pato

le canard

el pollo

le poussin

la gallina

la poule

el gallo

le coq

la rata

le rat

el gato

le chat

el ratón

la souris

el buey

le bœuf

el perro

le chien

la casa del perro

le chenil

la manguera

le tuyau de jardin

la regadera

l'arrosoir

la guadaña

la faucheuse

el arado

la charrue

la hoz

la faucille

el azadón

la pioche

la horquilla

la fourche

el hacha

la hache

la carretilla

la brouette

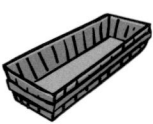

el bebedero

la cuve

el bote de leche

le pot à lait

el saco

le sac

la valla

la clôture

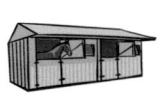

el establo

l'étable

el invernadero

le serre

el suelo

le sol

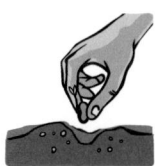

la semilla

les semences

el fertilizador

l'engrais

la cosechadora

la moissonneuse-batteuse

cosechar

récolter

la cosecha

la récolte

el camote

l'igname

el trigo

le blé

la soja

le soja

la patata

la pomme de terre

el maíz

le maïs

la semilla de colza

le colza

el árbol frutal

l'arbre fruitier

la mandioca

le manioc

las cereales

les céréales

la casa
la maison

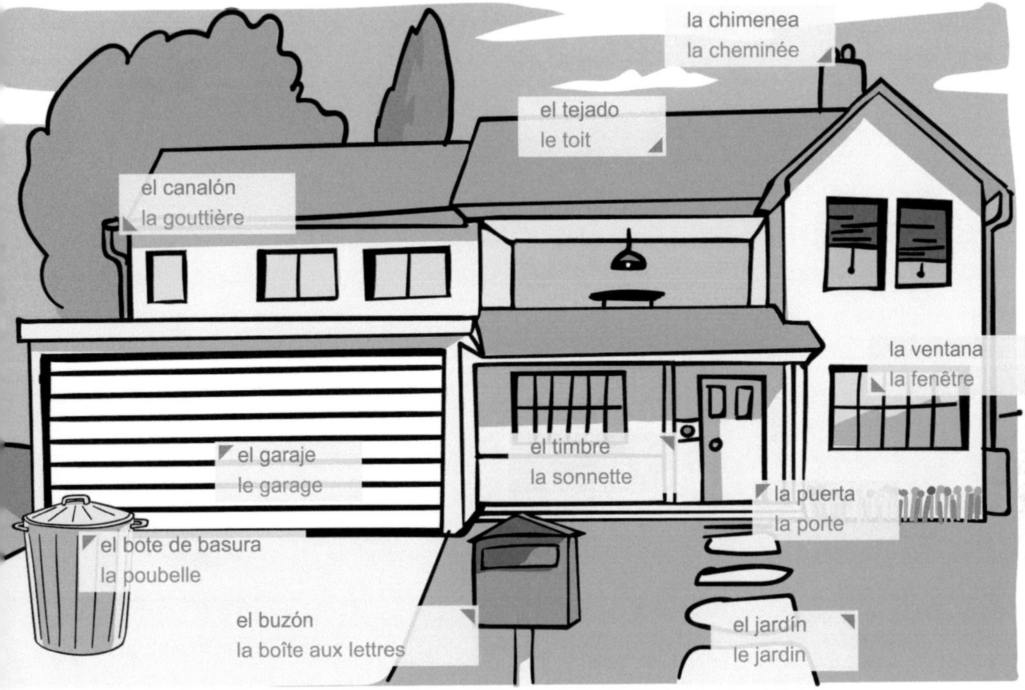

la chimenea
la cheminée
el tejado
le toit
el canalón
la gouttière
la ventana
la fenêtre
el garaje
le garage
el timbre
la sonnette
la puerta
la porte
el bote de basura
la poubelle
el buzón
la boîte aux lettres
el jardín
le jardin

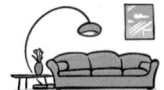

la estancia

le salon

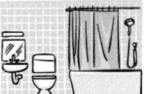

el baño

la salle de bain

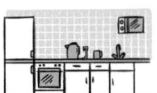

la cocina

la cuisine

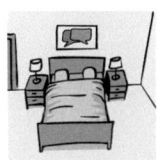

la recámara

la chambre à coucher

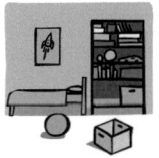

la recámara de los niños

la chambre d'enfant

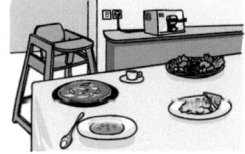

el comedor

la salle à manger

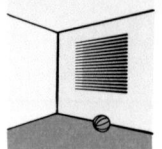

el suelo

le sol

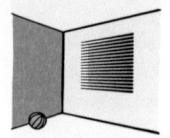

la pared

le mur

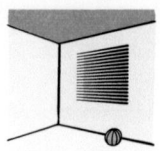

el techo

le plafond

el sótano

la cave

el sauna

le sauna

el balcón

le balcon

la terraza

la terrasse

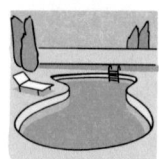

la alberca

la piscine

el cortacésped

la tondeuse à gazon

la sábana

la housse

la colcha

la couette

la cama

le lit

la escoba

le balai

el balde

le sceau

el interruptor

l'interrupteur

la casa - la maison

la estancia

le salon

el papel para empapelar
le papier peint
la imagen
l'image
la lámpara
la lampe
el estante
l'étagère
la alacena
l'armoire
la televisión
la télé
la chimenea
la cheminée
la flor
la fleur
el cojín
le coussin
el sofá
le sofa
el florero
le vase
el control remoto
la télécommande

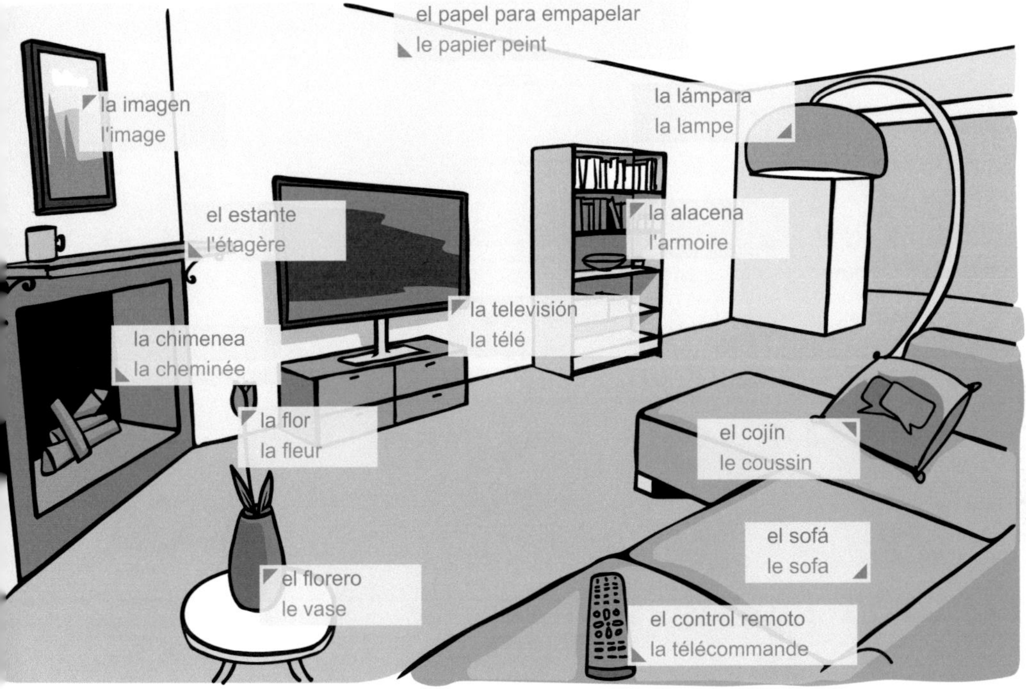

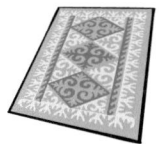

la alfombra

le tapis

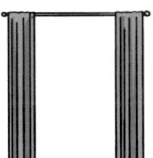

la cortina

le rideau

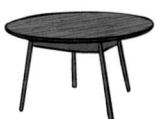

la mesa

la table

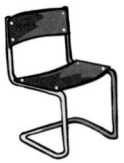

la silla

la chaise

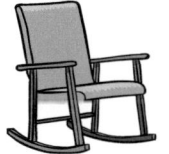

la mecedora

la chaise à bascule

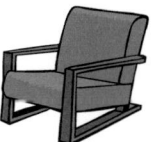

el sillón

le fauteuil

el libro

le livre

la frazada

la couverture

la decoración

la décoration

la leña

le bois de chauffage

la película

le film

el equipo de música

la chaîne hi-fi

la llave

la clé

el periódico

le journal

la pintura

la peinture

el póster

le poster

la radio

la radio

el cuaderno

le bloc-notes

la aspiradora

l'aspirateur

el cactus

le cactus

la vela

la bougie

la cocina
la cuisine

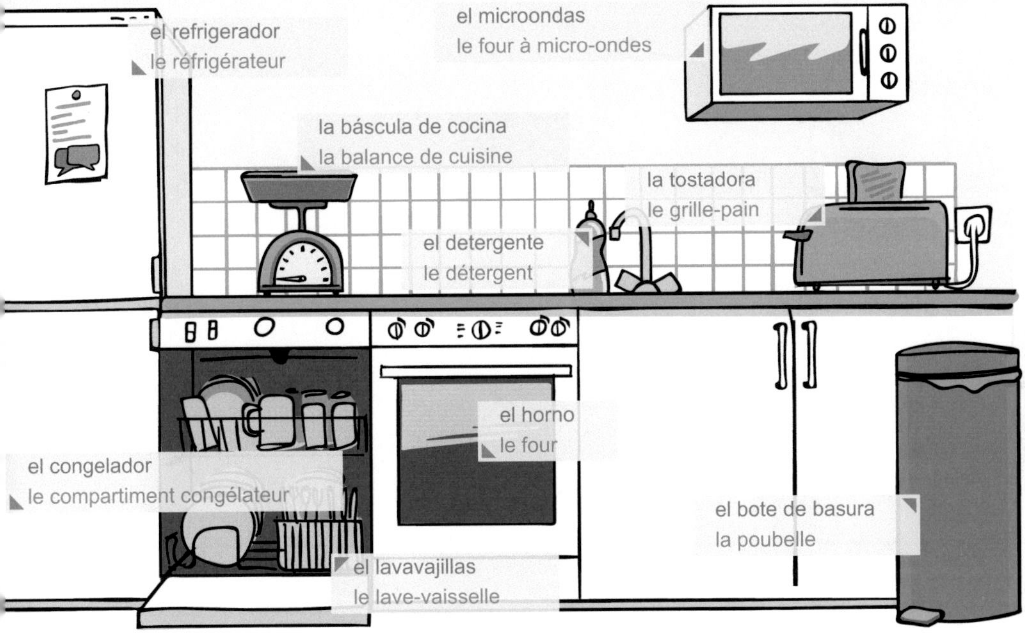
el refrigerador
le réfrigérateur
el microondas
le four à micro-ondes
la báscula de cocina
la balance de cuisine
la tostadora
le grille-pain
el detergente
le détergent
el horno
le four
el congelador
le compartiment congélateur
el bote de basura
la poubelle
el lavavajillas
le lave-vaisselle

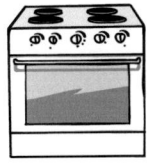

la olla a presión

le four

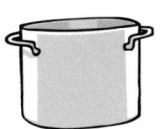

la olla

la casserole

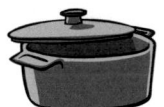

la olla de hierro fundido

la marmite

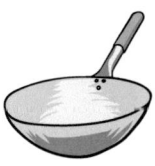

el wok

le wok / kadai

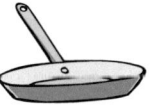

la sartén

la poêle

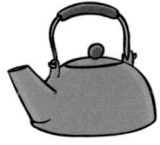

el hervidor

la bouilloire electrique

la vaporera

le cuiseur vapeur

la charola de horno

la plaque de cuisson

la loza

la vaisselle

la taza

le gobelet

el bol

la coupe

los palillos

les baguettes

el cucharón

la louche

la espátula

la spatule

la batidora

le fouet

el colador

la passoire

el colador

le tamis

el rallador

la râpe

el mortero

le mortier

la barbacoa

le barbecue

la fogata

la cheminée

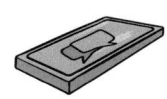

la tabla para picar

la planche à découper

el rodillo para amasar

le rouleau à pâtisserie

el sacacorchos

le tire-bouchon

la lata

la boîte

el abrelatas

l'ouvre-boîte

el guante de cocina

les maniques

el fregadero

le lavabo

el cepillo

la brosse

la esponja

l'éponge

la batidora

le mixeur

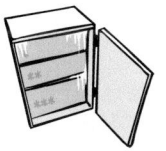

el congelador

le congélateur

el biberón

le biberon

la llave

le robinet

la cocina - la cuisine

el baño
la salle de bain

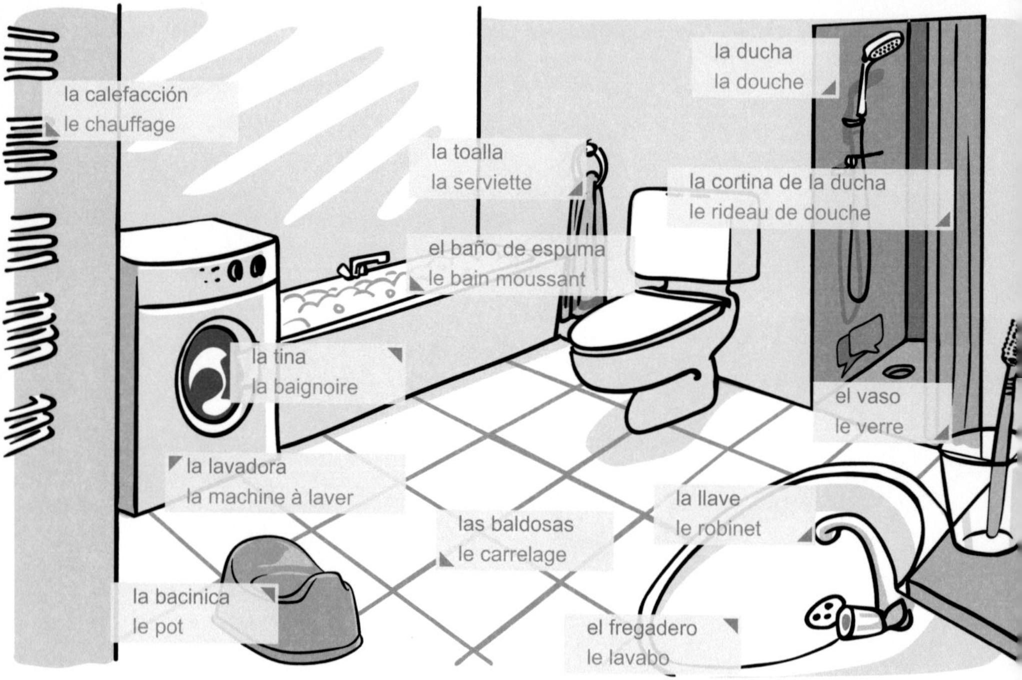

la ducha
la douche

la calefacción
le chauffage

la toalla
la serviette

la cortina de la ducha
le rideau de douche

el baño de espuma
le bain moussant

la tina
la baignoire

la lavadora
la machine à laver

el vaso
le verre

las baldosas
le carrelage

la llave
le robinet

la bacinica
le pot

el fregadero
le lavabo

el inodoro

les toilettes

la letrina

la toilette à la turque

el bidé

le bidet

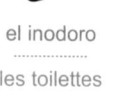

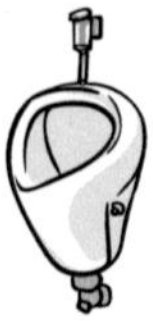

el mingitorio

l'urinoir

el papel higiénico

le papier toilette

el cepillo para baño

la brosse à toilette

el cepillo de dientes

la brosse à dents

la pasta dental

le dentifrice

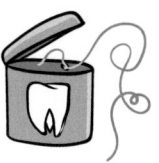

el hilo dental

le fil dentaire

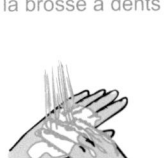

lavar

laver

la ducha de mano

la douche manuelle

la ducha vaginal

la douche intime

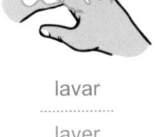

el fregadero

la vasque

el cepillo de espalda

la brosse dorsale

el jabón

le savon

el gel de ducha

le gel douche

el champú

le shampooing

la toallita

le gant de toilette

el drenaje

l'écoulement

la crema

la crème

el desodorante

le déodorant

el espejo

le miroir

el espejo de tocador

le miroir cosmétique

la máquina para afeitar

le rasoir

la espuma de afeitar

la mousse à raser

la loción para después de afeitar

l'après-rasage

el peine

la peigne

el cepillo

la brosse

la secadora

le sèche-cheveux

la laca

la laque pour cheveux

el maquillaje

le fond de teint

el lápiz labial

le rouge à lèvres

el esmalte para uñas

le vernis à ongles

el algodón

l'ouate

las tijeras para uñas

le coupe-ongles

el perfume

le parfum

el estuche para cosméticos

la trousse de toilette

el taburete

le tabouret

la báscula

le pèse-personne

la bata

le peignoir

los guantes de goma

les gants de nettoyage

el tampón

le tampon

la toalla sanitaria

les serviettes hygiéniques

el baño móvil

la toilette chimique

la recámara de los niños
la chambre d'enfant

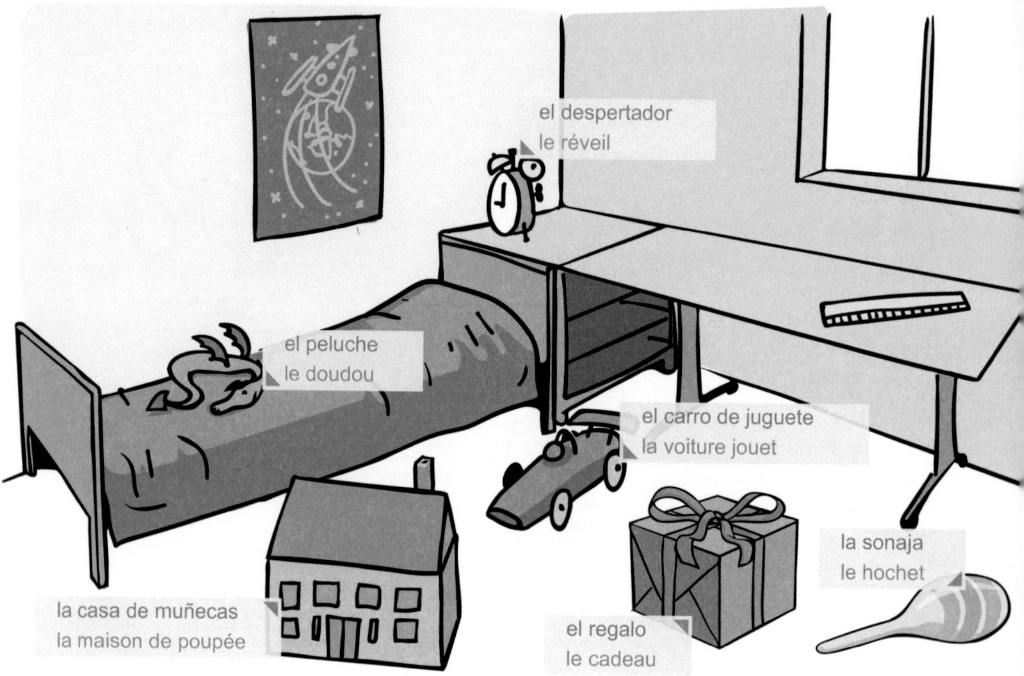
el despertador
le réveil
el peluche
le doudou
el carro de juguete
la voiture jouet
la sonaja
le hochet
la casa de muñecas
la maison de poupée
el regalo
le cadeau

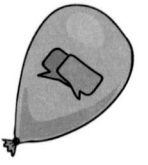

el globo

le ballon

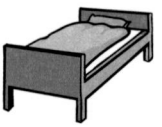

la cama

le lit

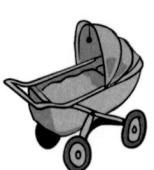

la carriola

la poussette

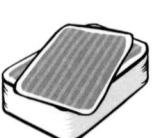

las cartas

le jeu de cartes

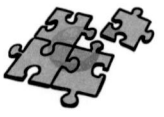

el rompecabezas

le puzzle

SUPER MEGA

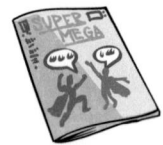

el cómic

la bande dessinée

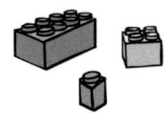

las piezas de lego

les pièces lego

los bloques para jugar

les blocs de construction

la figura de acción

la figurine

el mameluco

la grenouillère

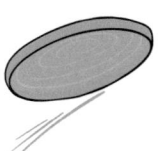

el frisbee

le frisbee

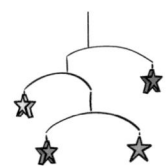

el móvil para bebés

le mobile

el juego de mesa

le jeu de société

los dados

le dé

el tren eléctrico

le train miniature

el maniquí

la sucette

la fiesta

la fête

el álbum de fotos

le livre d'images

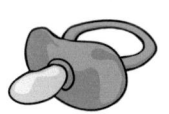

el balón

la balle

la muñeca

la poupée

jugar

jouer

el arenero

le bac à sable

el columpio

la balançoire

los juguetes

les jouets

la consola de videojuegos

la console de jeu

el triciclo

le tricycle

el oso de peluche

l'ours en peluche

el clóset

l'armoire

la ropa

les vêtements

los calcetines

les chaussettes

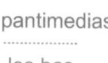

las pantimedias

les bas

las mallas

le collant

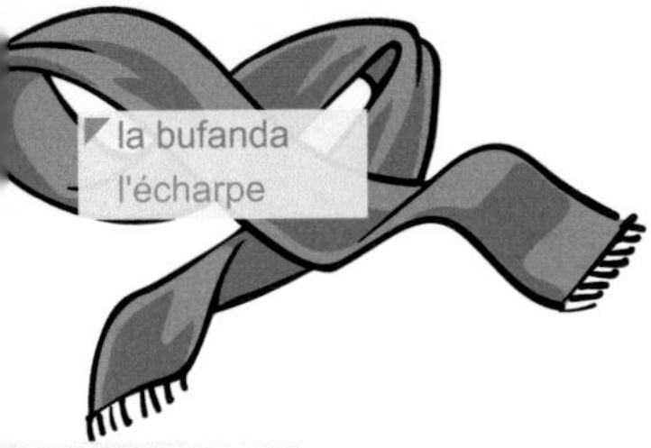

la bufanda
l'écharpe

el paraguas
le parapluie

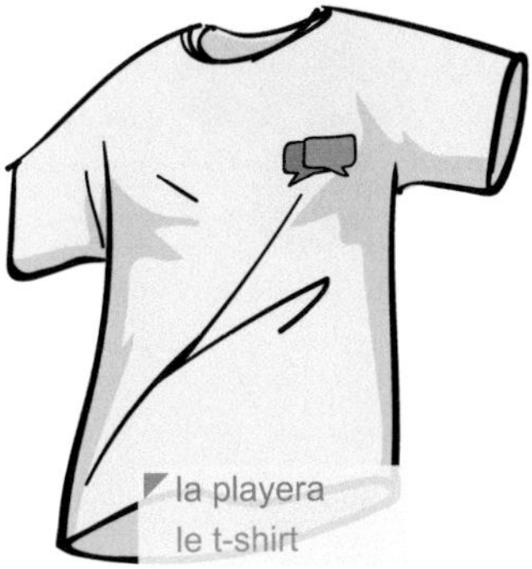

la playera
le t-shirt

el cinto
la ceinture

las botas
les bottes

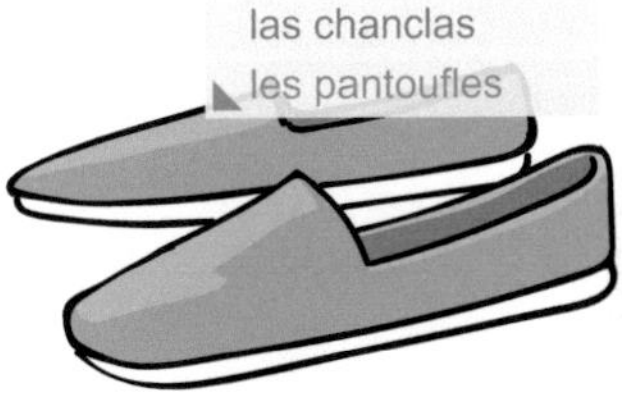

las chanclas
les pantoufles

los tenis
les baskets

las sandalias

les sandales

los zapatos

les chaussures

las botas de goma

les bottes de caoutchouc

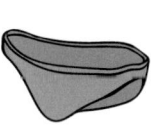

la ropa interior

les sous-vêtements

el brasier

le soutien-gorge

el chaleco

le maillot de corps

la ropa - les vêtements

el body
le body

los pantalones
le pantalon

los pantalones de mezclilla
le jean

la falda
la jupe

la blusa
le chemisier

la camisa
la chemise

el suéter
le pull

la sudadera
le sweat à capuche

el saco sport
la veste

la chamarra
la veste

el abrigo
le manteau

el impermeable
l'imperméable

el traje
le costume

el vestido
la robe

el vestido de novia
la robe de mariée

el traje

le costume

el camisón

la chemise de nuit

el pijama

le pyjama

el sari

le sari

el pañuelo para la cabeza

le foulard

el turbante

le turban

la burka

la burqa

el caftán

le caftan

la abaya

l'abaya

el traje de baño

le maillot de bain

el short de baño

le maillot de bain

los shorts

le short

los pants

la tenue d'entraînement

el delantal

le tablier

los guantes

les gants

el botón

le bouton

las gafas

les lunettes

el brazalete

le bracelet

el collar

le collier

el anillo

la bague

el arete

la boucle d'oreille

la gorra

le bonnet

el gancho

le cintre

el sombrero

le chapeau

la corbata

la cravate

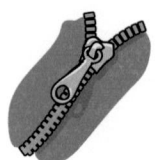

el cierre

la fermeture éclair

el casco

le casque

los tirantes

les bretelles

el uniforme

l'uniforme scolaire

el uniforme

l'uniforme

el babero
le bavoir

el maniquí
la sucette

el pañal
la lange

la oficina
le bureau

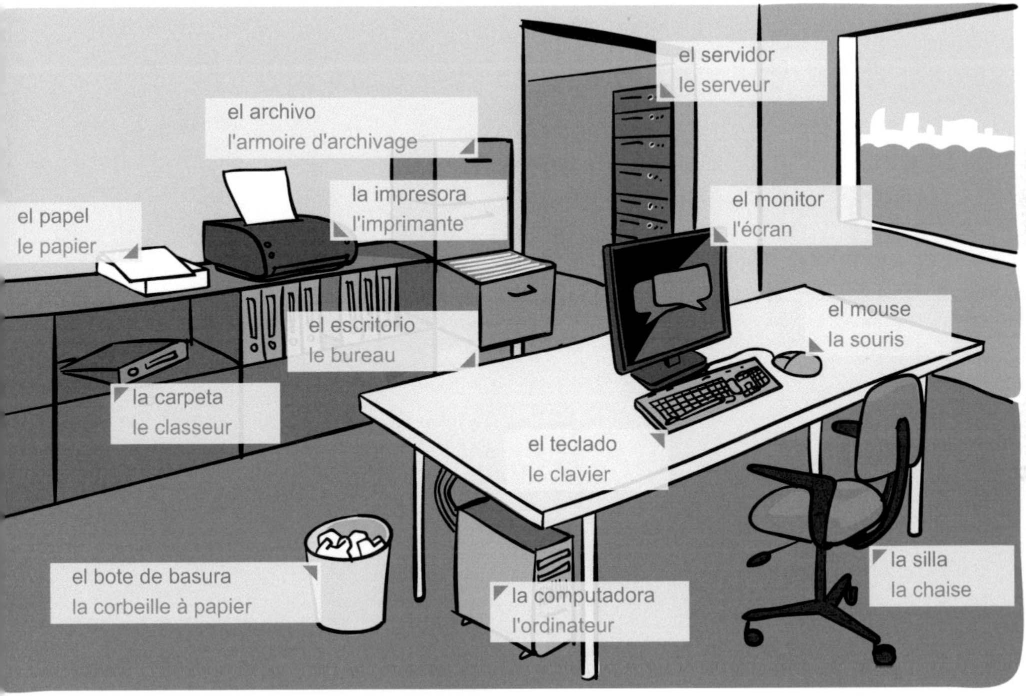

el servidor
le serveur

el archivo
l'armoire d'archivage

la impresora
l'imprimante

el papel
le papier

el monitor
l'écran

el escritorio
le bureau

el mouse
la souris

la carpeta
le classeur

el teclado
le clavier

el bote de basura
la corbeille à papier

la computadora
l'ordinateur

la silla
la chaise

la taza de café
la tasse de café

la calculadora
la calculatrice

el internet
l'internet

la notebook

l'ordinateur portable

la carta

la lettre

el mensaje

le message

el móvil

le portable

la red

le réseau

la fotocopiadora

la photocopieuse

el software

le logiciel

el teléfono

le téléphone

el tomacorriente

la prise

el fax

le fax

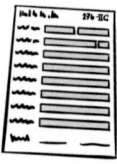

el formulario

le formulaire

el documento

le document

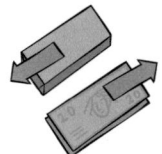

comprar

acheter

pagar

payer

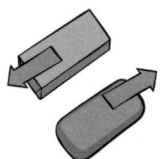

hacer negocios

faire du commerce

el dinero

la monnaie

el dólar

le dollar

el euro

l'euro

el yen

le yen

el rublo

le rouble

el franco suizo

le franc suisse

el yuan

le renminbi yuan

la rupia

la roupie

el cajero automático

le distributeur automatique

la casa de cambio

le bureau de change

el oro

l'or

la plata

l'argent

el petróleo

le pétrole

la energía

l'énergie

el precio

le prix

el contrato

le contrat

el impuesto

la taxe

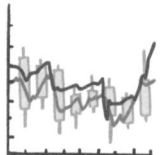

la acción

l'action

trabajar

travailler

el empleado

l'employé

el empleador

l'employeur

la fábrica

l'usine

la tienda

le magasin

las ocupaciones
les professions

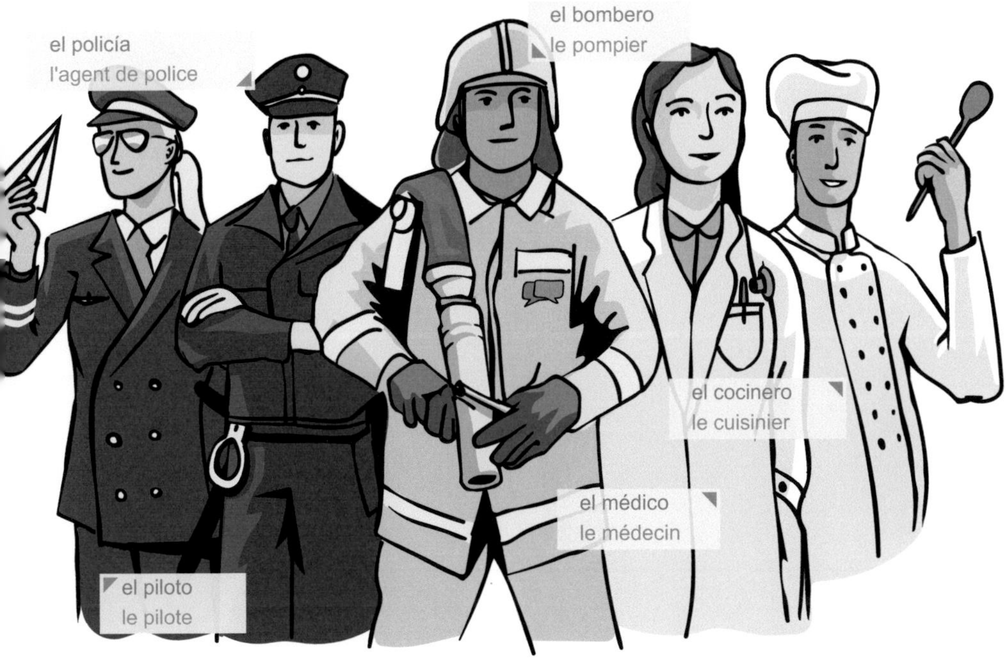

el policía
l'agent de police
el bombero
le pompier
el cocinero
le cuisinier
el médico
le médecin
el piloto
le pilote

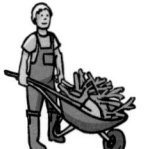

el jardinero

le jardinier

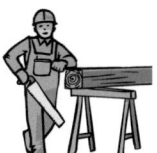

el carpintero

le menuisier

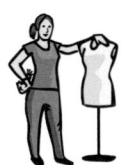

la costurera

la couturière

el juez

le juge

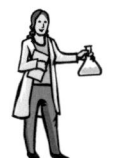

el farmacéutico

le chimiste

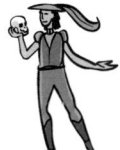

el actor

l'acteur

el conductor de autobús

le conducteur de bus

el taxista

le chauffeur de taxi

el pescador

le pêcheur

la señora de la limpieza

la femme de ménage

el instalador de techos

le couvreur

el camarero

le serveur

el cazador

le chasseur

el pintor

le peintre

el panadero

le boulanger

el electricista

l'électricien

el obrero

l'ouvrier

el ingeniero

l'ingénieur

el carnicero

le boucher

el plomero

le plombier

el cartero

le facteur

el soldado

le soldat

el arquitecto

l'architecte

el cajero

le caissier

el florista

le fleuriste

el peluquero

le coiffeur

el cobrador

le contrôleur

el mecánico

le mécanicien

el capitán

le capitaine

el dentista

le dentiste

el científico

le scientifique

el rabino

le rabbin

el imán

l'imam

el monje

le moine

el sacerdote

le prêtre

las herramientas
les outils

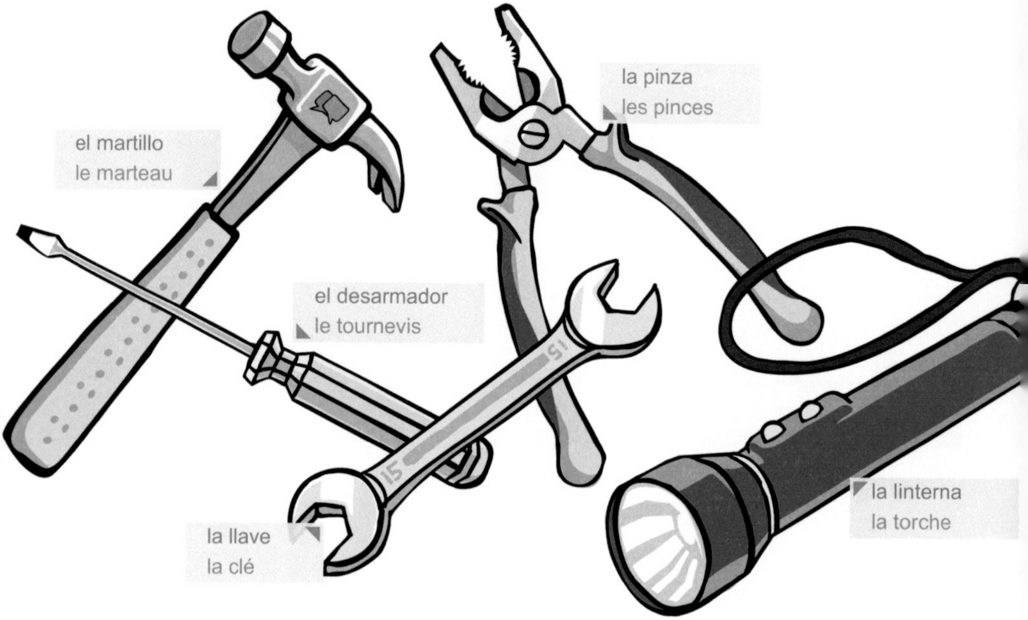

el martillo
le marteau
la pinza
les pinces
el desarmador
le tournevis
la llave
la clé
la linterna
la torche

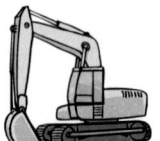

la excavadora

la pelleteuse

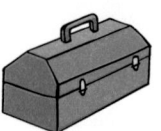

la caja de herramientas

la boîte à outils

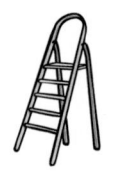

la escalera de mano

l'échelle

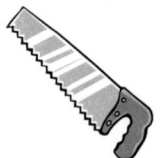

la sierra

la scie

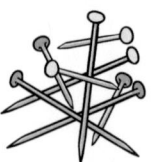

los clavos

les clous

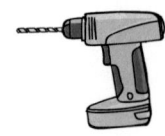

el taladro

la perceuse

reparar

réparer

la pala

la pelle

¡Maldición!

Mince !

el recogedor

la pelle

el bote de pintura

le pot de peinture

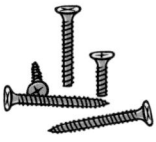

los tornillos

les vis

los instrumentos musicales
les instruments de musique

el altavoz
le haut-parleurs

la batería
la batterie

la guitarra
la guitare

el contrabajo
la contrebasse

la trompeta
la trompette

el piano

le piano

el violín

le violon

el bajo

la basse

los timbales

les timbales

el tambor

le tambour

el teclado

le piano électrique

el saxofón

le saxophone

la flauta

la flûte

el micrófono

le microphone

el zoológico

le zoo

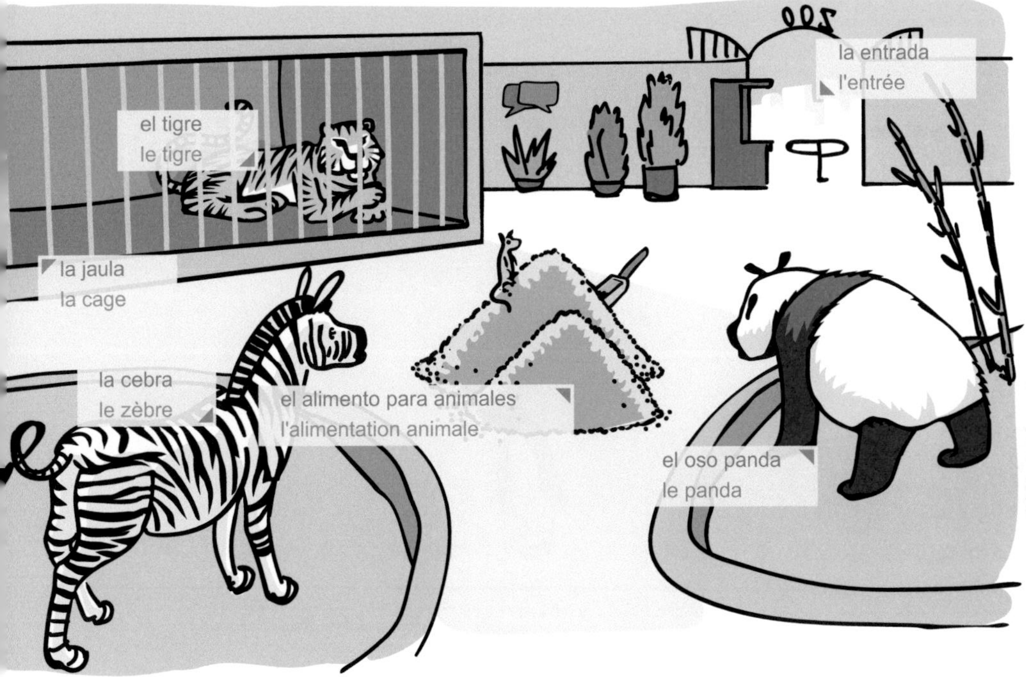

zoo
la entrada
l'entrée
el tigre
le tigre
la jaula
la cage
la cebra
le zèbre
el alimento para animales
l'alimentation animale
el oso panda
le panda

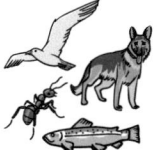

los animales

les animaux

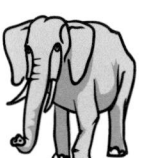

el elefante

l'éléphant

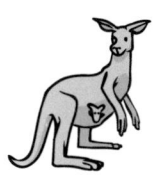

el canguro

le kangourou

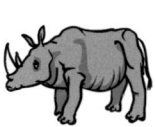

el rinoceronte

le rhinocéros

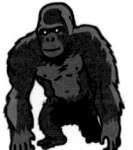

el gorila

le gorille

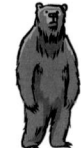

el oso

l'ours

el camello

le chameau

el avestruz

l'autruche

el león

le lion

el mono

le singe

el flamenco

le flamand rose

el loro

le perroquet

el oso polar

l'ours polaire

el pingüino

le pingouin

el tiburón

le requin

el pavo real

le paon

la serpiente

le serpent

el cocodrilo

le crocodile

el guardián de zoológico

le gardien de zoo

la foca

le phoque

el jaguar

le jaguar

el poni

le poney

el leopardo

le léopard

el hipopótamo

l'hippopotame

la jirafa

la girafe

el águila

l'aigle

el jabalí

le sanglier

el pescado

le poisson

la tortuga

la tortue

la morsa

le morse

el zorro

le renard

la gacela

la gazelle

el fútbol americano
l'american Football

el ciclismo
le cyclisme

el tenis
le tennis

el baloncesto
le basket-ball

la natación
la natation

el boxeo
la boxe

el hockey sobre hielo
le hockey sur glace

el fútbol
le football

el bádminton
le badminton

el atletismo
l'athlétisme

el handball
le handball

el esquí
le ski

el polo
le polo

las actividades
les activités

saltar
sauter
abrazar
embrasser
reír
rire
caminar
marcher
cantar
chanter
soñar
rêver
rezar
prier
besar
faire la bise

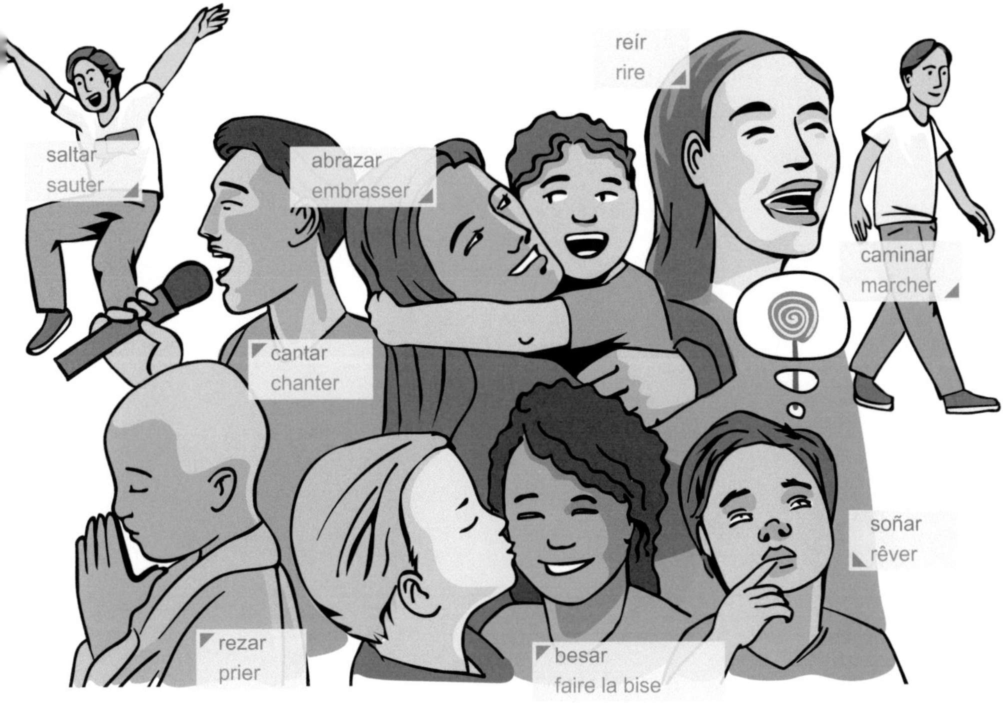

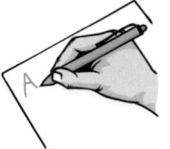

escribir

écrire

dibujar

dessiner

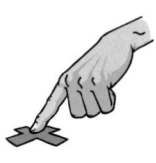

mostrar

montrer

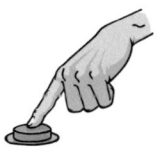

empujar

pousser

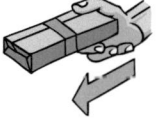

dar

donner

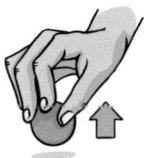

tomar

prendre

tener
avoir

hacer
faire

ser
être

estar parado
être debout

correr
courir

jalar
trier

arrojar
jeter

caer
tomber

estar acostado
être couché

esperar
attendre

llevar
porter

estar sentado
être assis

vestirse
s'habiller

dormir
dormir

despertar
se réveiller

mirar

regarder

llorar

pleurer

acariciar

caresser

peinar

peigner

hablar

parler

entender

comprendre

preguntar

demander

escuchar

écouter

beber

boire

comer

manger

ordenar

ranger

amar

aimer

cocinar

cuire

conducir

conduire

volar

voler

navegar

faire de la voile

calcular

calculer

leer

lire

aprender

apprendre

trabajar

travailler

casarse

se marier

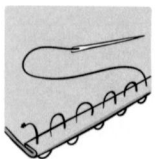

coser

coudre

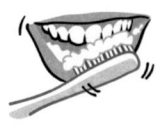

cepillarse los dientes

brosser les dents

matar

tuer

fumar

fumer

enviar

envoyer

las actividades - les activités

la familia

la famille

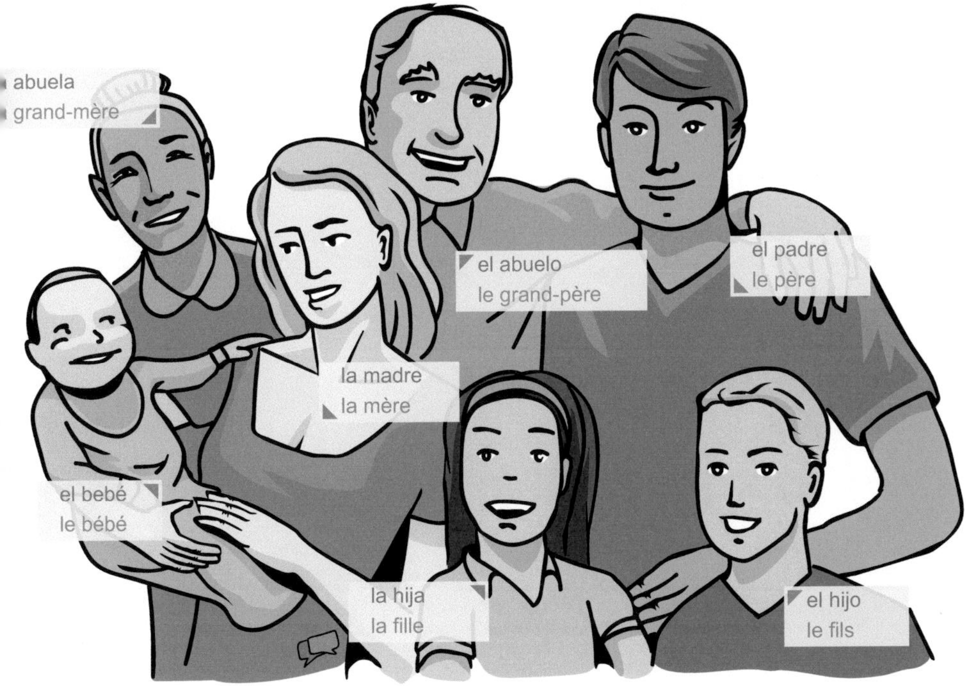
abuela
grand-mère
el abuelo
le grand-père
el padre
le père
la madre
la mère
el bebé
le bébé
la hija
la fille
el hijo
le fils

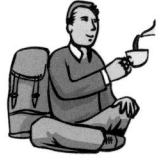

el invitado

l'hôte

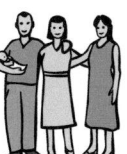

la tía

la tante

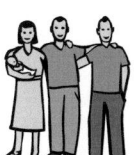

el tío

l'oncle

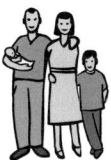

el hermano

le frère

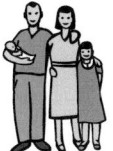

la hermana

la sœur

el cuerpo
le corps

la frente
le front
el ojo
l'œil
el hombro
l'épaule
el dedo
le doigt
la cara
le visage
la barbilla
le menton
la mano
la main
la pierna
la jambe
el pecho
la poitrine
el brazo
le bras

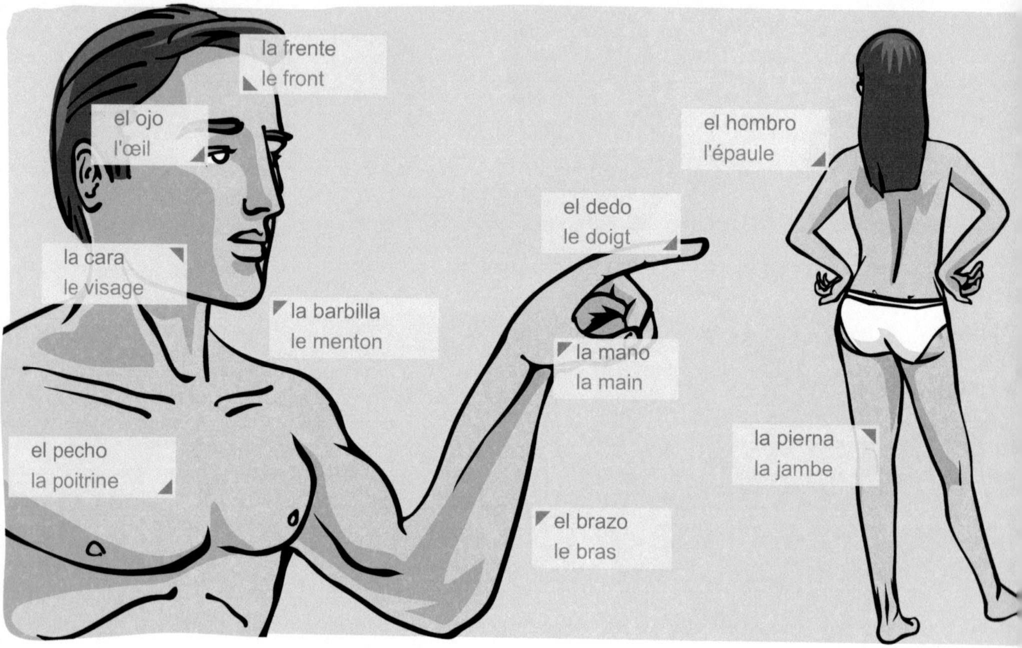

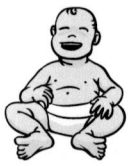

el bebé

le bébé

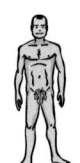

el hombre

l'homme

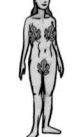

la mujer

la femme

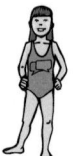

la niña

la fille

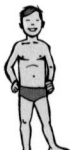

el niño

le garçon

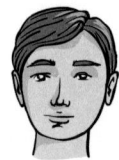

la cabeza

la tête

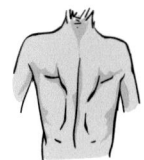

la espalda

le dos

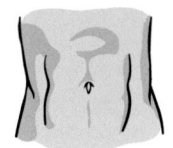

la barriga

le ventre

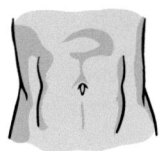

el ombligo

le nombril

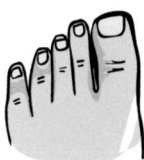

el dedo del pie

l'orteil

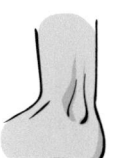

el talón

le talon

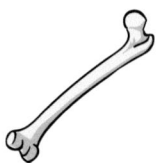

el hueso

l'os

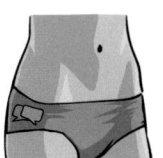

la cadera

la hanche

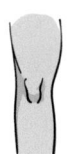

la rodilla

le genou

el codo

le coude

la nariz

le nez

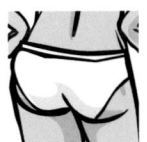

las pompis

les fesses

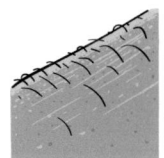

la piel

la peau

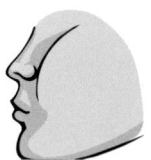

la mejilla

la joue

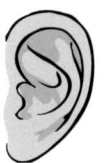

el oído

l'oreille

el labio

la lèvre

el cuerpo - le corps

la boca

la bouche

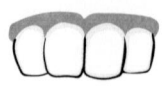

el diente

la dent

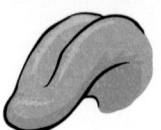

la lengua

la langue

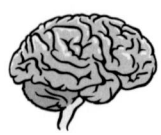

el cerebro

le cerveau

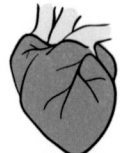

el corazón

le cœur

el músculo

le muscle

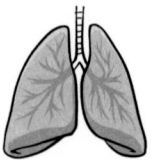

el pulmón

les poumons

el hígado

le foie

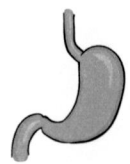

el estómago

l'estomac

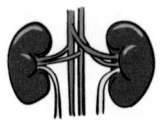

los riñones

les reins

el sexo

le rapport sexuel

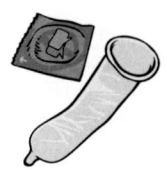

el condón

le préservatif

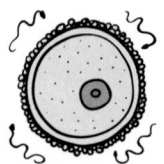

el óvulo

l'ovule

el semen

le sperme

el embarazo

la grossesse

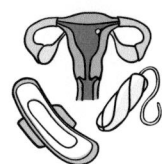

la menstruación

la menstruation

la vagina

le vagin

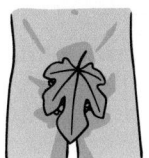

el pene

le pénis

la ceja

le sourcil

el cabello

les cheveux

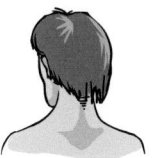

el cuello

le cou

el hospital
l'hôpital

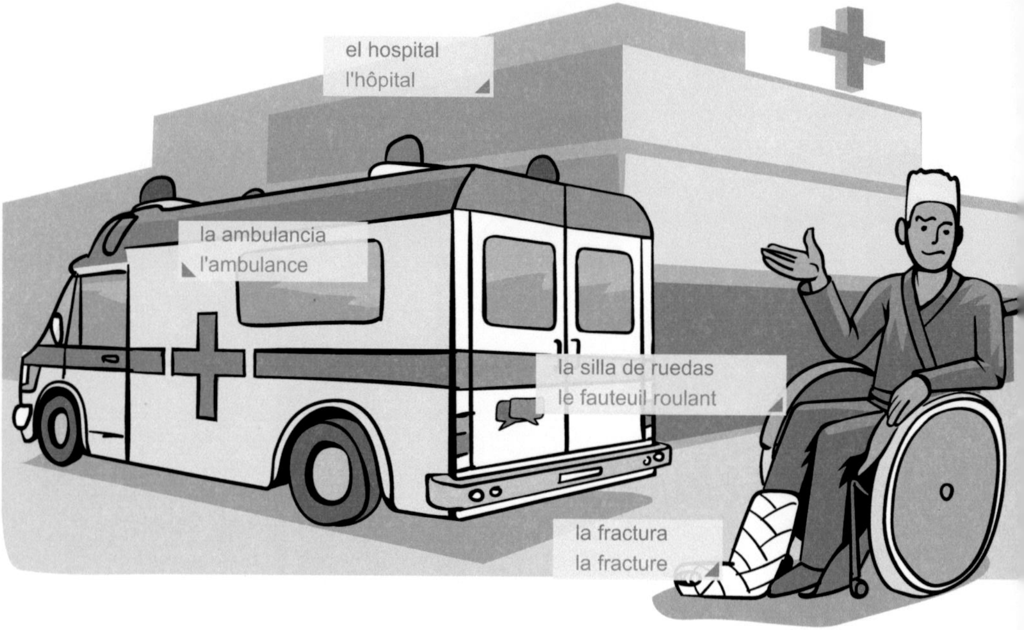

el hospital
l'hôpital
la ambulancia
l'ambulance
la silla de ruedas
le fauteuil roulant
la fractura
la fracture

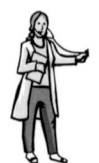

el médico

le médecin

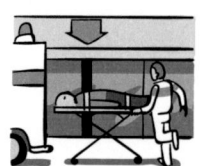

la sala de emergencias

le service des urgences

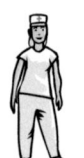

la enfermera

l'infirmière

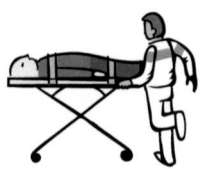

la emergencia

l'urgence

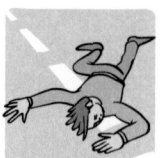

inconsciente

inconscient

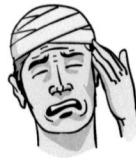

el dolor

la douleur

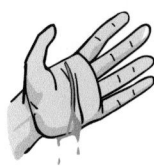

la lesión
la blessure

la hemorragia
l'hémorragie

el infarto
la crise cardiaque

el accidente cerebrovascular
l'attaque cérébrale

la alergia
l'allergie

la tos
la toux

la fiebre
la fièvre

la gripa
la grippe

la diarrea
la diarrhée

el dolor de cabeza
le mal de tête

el cáncer
le cancer

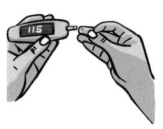

la diabetes
le diabète

el cirujano
le chirurgien

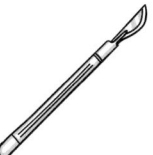

el bisturí
le scalpel

la operación
l'opération

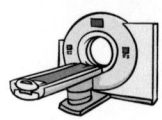

TC

le CT

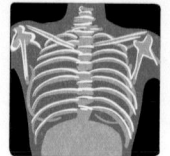

los rayos x

la radiographie

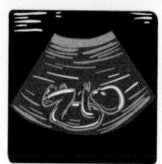

el ultrasonido

l'échographie

la mascarilla

le masque

la enfermedad

la maladie

la sala de espera

la salle d'attente

la muleta

la béquille

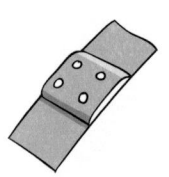

la vendita

le pansement

el vendaje

le pansement

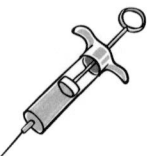

la inyección

l'injection

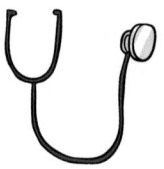

el estetoscopio

le stéthoscope

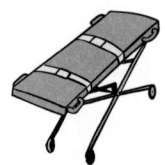

la camilla

le brancard

el termómetro

le thermomètre

el nacimiento

l'accouchement

el sobrepeso

la surcharge pondérale

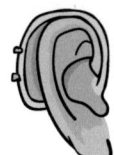

el audífono

l'appareil auditif

el desinfectante

le désinfectant

la infección

l'infection

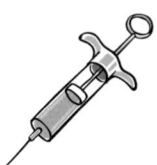

el virus

le virus

VIH / SIDA

le VIH / le sida

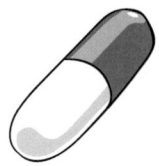

la medicina

le médicament

la vacunación

la vaccination

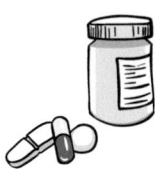

las tabletas

les comprimés

la pastilla anticonceptiva

la pilule

la llamada de emergencia

l'appel d'urgence

el medidor de presión

le tensiomètre

enfermo / sano

malade / sain

¡Socorro!

Au secours !

la alarma

l'alarme

la agresión

l'assaut

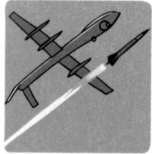

el ataque

l'attaque

el peligro

le danger

la salida de emergencia

la sortie de secours

¡Fuego!

Au feu!

el extintor de incendios

l'extincteur

el accidente

l'accident

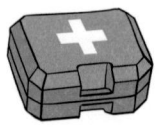

el botiquín de primeros
auxilios

la trousse de premier
secours

SOS

SOS

la policía

la police

Europa

l'Europe

Norteamérica

l'Amérique du Nord

Sudamérica

l'Amérique du Sud

África

l'Afrique

Asia

l'Asie

Australia

l'Australie

el Atlántico

l'Océan atlantique

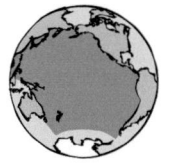

el Pacífico

l'Océan pacifique

el Océano Índico

l'Océan indien

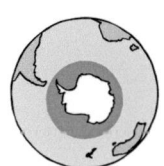

el Océano Antártico

l'Océan antarctique

el Océano Ártico

l'Océan arctique

el polo norte

le Pôle nord

el polo sur

le Pôle sud

la Antártida

l'Antarctique

la tierra

la terre

la tierra

le pays

el mar

la mer

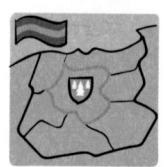

la isla

l'île

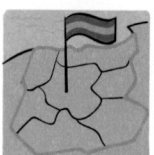

la nación

la nation

el estado

l'état

la esfera

le cadran

la manecilla de las horas

l'aiguille des heures

el minutero

l'aiguille des minutes

el segundero

l'aiguille des secondes

¿Qué hora es?

Quelle heure est-il ?

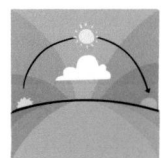

el día

le jour

la hora

le temps

ahora

maintenant

el reloj digital

la montre digitale

el minuto

la minute

la hora

l'heure

la semana
la semaine

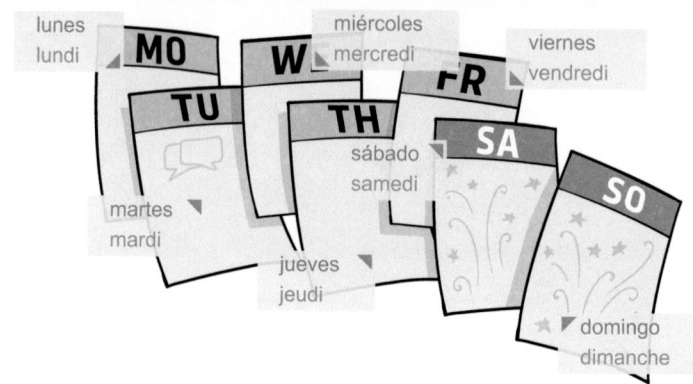

lunes
lundi

martes
mardi

miércoles
mercredi

jueves
jeudi

viernes
vendredi

sábado
samedi

domingo
dimanche

ayer

hier

hoy

aujourd'hui

mañana

demain

la mañana

le matin

el mediodía

le midi

la tarde

le soir

los días laborables

les jours ouvrables

el fin de semana

le week-end

la lluvia
la pluie

el arco iris
l'arc-en-ciel

la nieve
la neige

el viento
le vent

la primavera
le printemps

el otoño
l'automne

el verano
l'été

el invierno
l'hiver

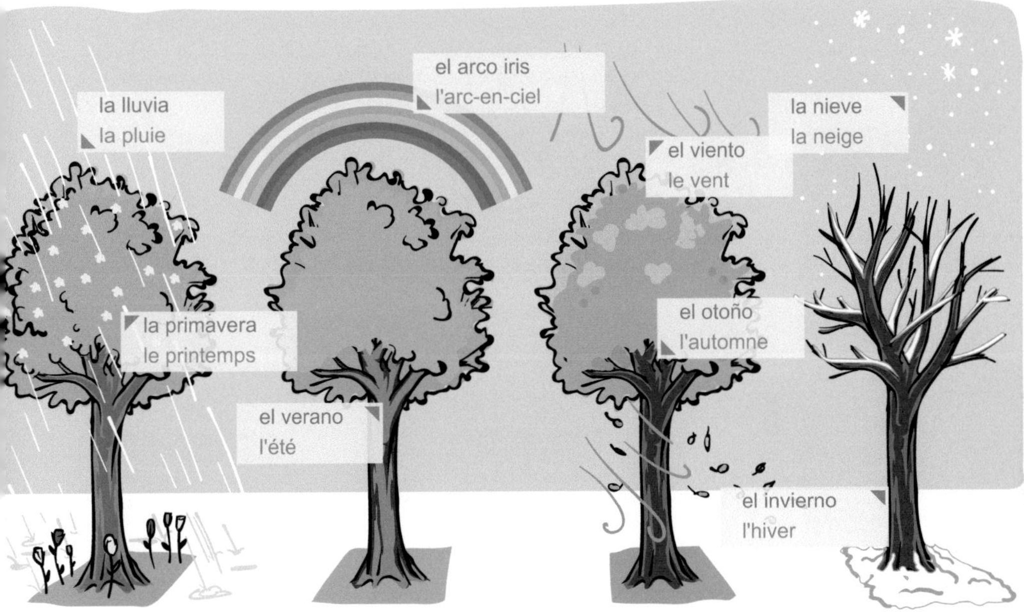

el pronóstico del tiempo
la météo

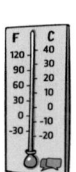

el termómetro
le thermomètre

el sol
la lumière du soleil

la nube
le nuage

la niebla
le brouillard

la humedad
l'humidité

el rayo

la foudre

el trueno

la tonnerre

la tormenta

la tempête

el granizo

la grêle

el monzón

la mousson

la inundación

l'inondation

el hielo

la glace

enero

janvier

febrero

février

marzo

mars

abril

avril

mayo

mai

junio

juin

julio

juillet

agosto

août

septiembre

septembre

octubre

octobre

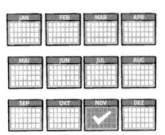

noviembre

novembre

diciembre

décembre

las formas

les formes

el círculo

le cercle

el cuadrado

le carré

el rectángulo

le rectangle

el triángulo

le triangle

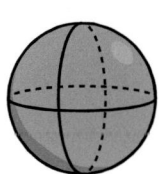

la esfera

la sphère

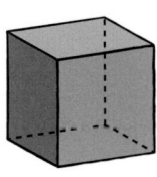

el cubo

le cube

blanco

blanc

amarillo

jaune

naranja

orange

rosa

rose

rojo

rouge

morado

violet

azul

bleu

verde

vert

marrón

marron

gris

gris

negro

noir

mucho / poco

beaucoup / peu

enojado / tranquilo

fâché / calme

bonito / feo

joli / laid

principio / fin

le début / la fin

grande / pequeño

grand / petit

claro / oscuro

clair / obscure

el hermano / la hermana

frère / soeur

limpio / sucio

propre / sale

completo / incompleto

complet / incomplet

el día / la noche

le jour / la nuit

muerto / vivo

mort / vivant

ancho / angosto

large / étroit

comestible / no comestible

comestible / incomestible

malo / amable

méchant / gentil

entusiasmado / aburrido

excité / ennuyé

gordo / delgado

gros / mince

primero / último

le premier / le dernier

el amigo / el enemigo

l'ami / l'ennemi

lleno / vacío

plein / vide

duro / blando

dur / souple

pesado / ligero

lourd / léger

el hambre / la sed

faim / soif

enfermo / sano

malade / sain

ilegal / legal

illégal / légal

inteligente / tonto

intelligent / stupide

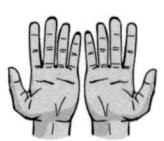

izquierda / derecha

gauche / droite

cerca / lejos

proche / loin

nuevo / usado
nouveau / usé

nada / algo
rien / quelque chose

viejo / joven
vieux / jeune

encendido / apagado
marche / arrêt

abierto / cerrado
ouvert / fermé

silencioso / ruidoso
faible / fort

rico / pobre
riche / pauvre

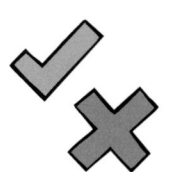

correcto / incorrecto
correct / incorrect

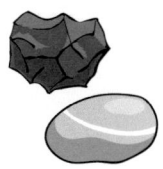

áspero / suave
rugueux / lisse

triste / contento
triste / heureux

corto / largo
court / long

lento / rápido
lent / rapide

húmedo / seco
mouillé / sec

caliente / frío
chaud / froid

guerra / paz
la guerre / la paix

los opuestos - les oppositions

los números
les nombres

0

cero

zéro

1

uno

un / une

2

dos

deux

3

tres

trois

4

cuatro

quatre

5

cinco

cinq

6

seis

six

7

siete

sept

8

ocho

huit

9

nueve

neuf

10

diez

dix

11

once

onze

12

doce
douze

13

trece
treize

14

catorce
quatorze

15

quince
quinze

16

dieciséis
seize

17

diecisiete
dix-sept

18

dieciocho
dix-huit

19

diecinueve
dix-neuf

20

veinte
vingt

100

cien
cent

1.000

mil
mille

1.000.000

el millón
le million

los números - les nombres

los idiomas
les langues

el inglés

l'anglais

el inglés americano

l'anglais américain

el chino mandarín

le chinois mandarin

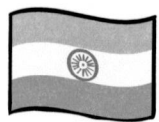

el hindi

le hindi

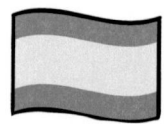

el español

l'espagnol

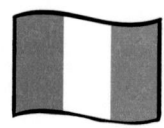

el francés

le français

el árabe

l'arabe

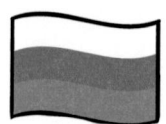

el ruso

le russe

el portugués

le portugais

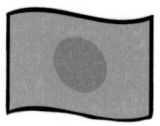

el bengalí

le bengali

el alemán

l'allemand

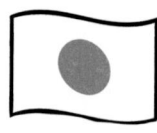

el japonés

le japonais

yo

je

tú

tu

él / ella

il / elle / ce, c', cela

nosotros

nous

vosotros

vous

ellos

ils / elles

¿quién?

Qui ?

¿qué?

Quoi ?

¿cómo?

Comment ?

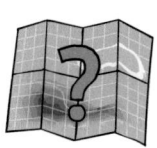

¿dónde?

Où ?

¿cuándo?

Quand ?

el nombre

le nom

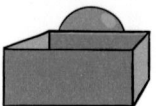

detrás

derrière

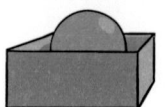

en

dans

delante de

devant

por encima de

au-dessus

sobre

sur

debajo de

en-dessous

junto a

à côté de

entre

entre

el lugar

le lieu